Breakthrough Advertising

En Capsules

Les secrets du monstre sacré du copywriting

Eugene M. Schwartz

Éditions Concentré

INDEX

PARTIE 1

1. Le désir de masse : la véritable force de la publicité

Un rédacteur publicitaire ne peut pas créer le désir pour un produit. Il peut seulement canaliser les espoirs, les rêves, les peurs et les désirs déjà présents dans la vie de millions de personnes vers le produit à promouvoir.

La publicité et le marché

La publicité est une activité statistique car elle concerne les pourcentages de la population. En effet, le succès de la publicité dépend du nombre de personnes qui acceptent notre produit (et notre prix) comme réponse à leur besoin.

Un marché naît lorsqu'un désir privé est partagé par un nombre statistiquement significatif de personnes, capables de rentabiliser l'effort de vendre la réponse (le produit) à ce désir, générant un profit. Ce marché peut concerner quelques milliers de personnes ou des dizaines de millions de personnes.

Lorsqu'on cherche à créer un désir de masse, il ne s'agit plus de publicité mais d'éducation et, puisque cela ne sera jamais suffisamment rentable, aucun publicitaire ne peut se permettre d'éduquer avec ses annonces. À moins d'exploiter des forces plus importantes pour orienter le désir vers un produit.

Les forces qui créent le désir de masse

Un instinct de masse

Par exemple, le désir de rester en bonne santé ou de devenir riche. Dans ce cas, l'instinct ne disparaît jamais, le désir est toujours là. Le travail du rédacteur publicitaire, dans ce cas, est de différencier son produit des autres déjà sur le marché.

Un problème technologique de masse

Par exemple, les smartphones qui se déchargent trop rapidement ou la sécurité des paiements en ligne. Tant que le problème n'est pas résolu, les clients continueront d'acheter et d'essayer. Le rédacteur doit donc offrir la même promesse de soulagement que ses concurrents, mais de manière nouvelle.

Les tendances et l'éducation

Nous sommes constamment immergés dans des tendances qui naissent, grandissent et meurent. Dans ces cas, le rédacteur a besoin de sensibilité, de vision à long terme et d'intuition. Il doit être capable de percevoir quels avantages souligner et lesquels ignorer à un moment donné et doit le faire, si possible, avant les autres. Il faut un timing parfait pour comprendre quand un changement devient pertinent, mais n'a pas encore été exploité.

Comment orienter le désir de masse vers un produit spécifique

Choisissez le désir le plus puissant à appliquer à votre produit

Pour ce faire, vous devez en trouver un qui soit : urgent, répétitif et partagé par le plus grand nombre de personnes. Par exemple, économiser sur les coûts des factures remplit tous ces critères. Si vous choisissez le mauvais désir, rien ne pourra sauver votre annonce.

Résumez ce désir dans une phrase puissante (headline)

Si le client connaît déjà votre produit et sait qu'il peut satisfaire son désir, le headline commencera par le produit. Si le client ne connaît pas le produit, mais est conscient du désir, le headline commencera par le désir. S'il n'a pas encore de véritable désir mais a seulement une idée générale du problème, le headline parlera de ce problème, en le dirigeant vers le besoin spécifique que votre produit résout.

Démontrez au client potentiel comment les avantages de votre produit satisfont ce désir

Chaque produit que vous vendez contient en réalité 2 produits : le produit physique (le matériel dont il est composé, sa forme, etc.) et le produit fonctionnel (les avantages obtenus grâce à son utilisation). La partie physique n'a de valeur que si la partie fonctionnelle existe également. Aucune partie physique ne peut entrer dans un headline, mais elle peut servir par la suite pour renforcer la performance que vous promettez dans le headline de la manière suivante :

- justifiant le prix ;

- démontrant la qualité des performances ;

- assurant la durée dans le temps de la

performance ;

- rendant plus nette l'image de cette performance dans l'esprit du prospect ;

- donnant une nouvelle base de crédibilité à la prétention de performances du produit.

Votre première tâche dans l'étude du produit est de dresser la liste des différentes performances qu'il contient, de les regrouper avec les désirs de masse que chacune d'elles satisfait, puis de choisir celle qui aura le plus de chances de vente à ce moment historique.

2. L'état de conscience du prospect

La construction d'une annonce repose sur trois questions fondamentales:

1. Quel est le désir de masse relatif à ce marché ? (Vu dans le chapitre 1)

2. Combien ces personnes savent-elles aujourd'hui des avantages de votre produit par rapport à ce désir? (Le niveau de conscience)

3. Combien d'autres produits ont été présentés sur le marché avant le vôtre? (Degré de sophistication)

La headline

Votre headline ne doit pas vendre. Sa seule tâche est d'arrêter votre prospect et de le convaincre de lire la deuxième phrase de l'annonce. De la même manière, la deuxième phrase doit le conduire à lire la troisième, et ainsi de suite. Plus le prospect lira longtemps, plus vous vendrez. Le seul cas où le headline peut faire tout le travail de vente est lorsque le prospect cherche activement le produit d'une marque spécifique.

Les différents degrés de conscience du prospect

Premier niveau : conscience maximale

Le client connaît le produit, sait ce qu'il fait et le veut. Il lui manque juste la conviction pour l'acheter. Dans ce cas, il suffira d'inclure dans le headline le nom du produit et le prix réduit. Le reste de l'annonce résumera les avantages les plus désirables, enfin le nom du magasin et/ou un coupon.

Ceci est la publicité typique d'un grand magasin ou d'un discount. Le prix est la partie la plus importante de ce headline, zéro créativité de la part du copywriter.

Deuxième niveau : le client connaît le produit mais ne veut pas encore l'acheter

Le prospect ne sait pas encore exactement tout ce que fait votre produit ou n'est pas convaincu de son efficacité. Ici, votre headline doit choisir une seule direction parmi ces options:

- renforcer le désir du prospect pour le produit, par l'emphase sensorielle et l'association;

- clarifier l'idée qu'il a de la manière dont le produit satisfait son désir, en se concentrant sur le produit physique ou son mécanisme;

- élargir son idée de quand et où votre produit satisfait ce désir;

- introduire de nouvelles preuves et documentations sur la manière dont votre produit satisfait ce désir, en citant des données et des experts;

- annoncer un nouveau mécanisme dans ce produit pour le rendre meilleur que la version précédente (ou que la concurrence);

- changer complètement l'idée ou le mécanisme de ce produit, pour le sortir de la compétition avec d'autres produits qui prétendent satisfaire le même désir (voir la sophistication au chapitre 3).

Troisième niveau: comment introduire de nouveaux produits

Le client sait déjà qu'il veut ce que le produit fait, mais il ne sait pas encore qu'il y a votre produit qui le fera pour lui. Tout d'abord, il faut donner un nom à ce désir que le client a (ou à la solution que vous proposez) et il faut le faire dans le headline. Vous devez démontrer que cette solution peut être atteinte et pour cela, votre produit est nécessaire.

Le premier point crucial dans cet état de faible conscience est l'analyse: le marché, la localisation, les forces émotionnelles et le potentiel de vente.

Le deuxième est l'intuition des tendances avant

qu'elles ne deviennent mainstream.

Enfin, nous avons la créativité verbale, la capacité de nommer ce qui n'est pas encore bien défini.

Quatrième niveau: comment présenter des produits qui résolvent des problèmes

Le prospect n'a pas un désir, mais seulement un besoin. Il ne comprend pas la connexion entre la satisfaction de son besoin et votre produit.

Ici, on commence par nommer le besoin et/ou la solution, exactement comme dans le paragraphe précédent. Puis on accentue le besoin de manière presque exagérée et enfin on présente le produit comme la solution inévitable.

Cinquième niveau (le plus difficile): absence totale de conscience

C'est le cas de l'une de ces quatre options:

- le prospect n'est pas conscient de son désir (ou besoin);

- ou il ne l'admettra jamais à lui-même sans être guidé par votre annonce;

- ou le besoin est si général qu'il ne peut pas

être résumé en une seule headline;

- ou c'est un secret qui simplement ne peut pas être dit.

Une headline qui fonctionne pour le premier niveau de conscience ne fonctionnera jamais pour un niveau différent; ce qui signifie que, même si elle a eu du succès dans le passé, on ne peut pas continuer à l'utiliser si le marché évolue vers un nouveau niveau de conscience.

Ce niveau de conscience ne s'applique pas seulement aux produits totalement nouveaux. Par exemple, lorsqu'un produit ne se vend plus comme avant et tombe dans l'oubli, il y a une nécessité de le faire renaître, donc c'est comme s'il devait affronter un marché inconscient.

La headline, dans ce cas, part de l'élimination de certains éléments qui n'auraient pas de sens à nommer:

- le prix ;

- le nom du produit, surtout dans le cas d'une renaissance, en plus d'être inutile, peut s'avérer nuisible ;

- une affirmation directe de ce que le produit fait et du problème qu'il résout car, mise dans le headline, elle ne sera simplement pas crue.

En éliminant ces éléments, il ne reste qu'une seule chose sur laquelle centrer votre headline, le marché et l'état mental dans lequel se trouve le prospect. C'est un headline d'identification, vous définissez votre audience, vous ne devez ni vendre ni promettre rien. La seule fonction de cette headline est de susciter la curiosité de lire davantage. Dans le développement de l'annonce, une série d'images logiques mèneront à une prise de conscience graduelle du problème et de sa solution, votre produit.

Cette headline doit parler à un groupe défini de personnes et en exclure autant, c'est la règle de base de l'identification.

3. La sophistication de votre marché

La sophistication du marché répond à la question: «Combien de produits ont été présentés avant le vôtre ?». Dans ce cas aussi, nous avons 5 niveaux de sophistication.

Premier niveau : si vous êtes le premier sur votre marché

Ici, les clients potentiels n'ont pas encore développé de sophistication envers votre produit, ils ne savent rien à son sujet. Cela peut arriver dans le cas d'une révolution technologique, d'une amélioration radicale d'un produit déjà existant ou d'un produit connu à un prix exceptionnel. Cela peut aussi se produire lorsqu'on trouve une utilisation complètement différente pour un produit déjà connu pour d'autres utilisations ou lorsqu'on découvre un nouveau bénéfice passé inaperçu jusqu'à présent.

Votre headline de premier niveau devra être simple, directe, non extravagante ; vous devrez affirmer le besoin et le dramatiser pour ensuite présenter votre produit et démontrer qu'il fonctionne. *Exemple: Éliminez immédiatement cette graisse embarrassante!*

Deuxième niveau : si vous arrivez en deuxième

Dans ce cas, la promesse fonctionne encore, mais elle doit être exagérée pour battre la concurrence. *Exemple : Perdez 10 kilos en 2 semaines, satisfait ou remboursé !*

Cette exagération exponentielle entraîne inévitablement une perte de crédibilité à long terme et le client devient sceptique.

Troisième niveau : un public lassé et méfiant

Les clients connaissent bien vos produits et ceux de la concurrence, mais ils ont du mal à les distinguer.

Le désir de masse existe toujours, mais il ne peut plus être exploité avec les anciennes méthodes. Il faut une nouvelle manière de satisfaire ce vieux désir. À ce stade, vous avez besoin d'un nouveau mécanisme, il faut parler non pas de ce que le produit fait, mais de comment il le fait. Ce nouveau mécanisme doit être contenu dans le headline, afin de se différencier immédiatement des concurrents.

Quatrième niveau

En quelques mois, on passe du troisième au quatrième niveau. Si un concurrent a récemment introduit (avec succès) un nouveau mécanisme pour obtenir la même promesse que votre produit, voici ce qu'il faut faire:

- approfondissez le mécanisme ;

- rendez-le plus facile et plus sûr ;

- promettez des avantages supplémentaires.

Le quatrième niveau, comme vous l'aurez remarqué, ressemble au deuxième, mais cette fois, il se concentre sur le mécanisme plutôt que sur la promesse. Là aussi, avec le temps, on deviendra de moins en moins crédible. Finalement, le marché se lassera de vos promesses et de vos mécanismes.

Cinquième niveau : comment faire revivre un produit mort

Ici, la stratégie est la même que le cinquième niveau de conscience (chapitre 2) et repose sur l'identification, en mettant en arrière-plan la promesse et le mécanisme.

4. Comment naît une idée

Les 3 niveaux de créativité

Le premier est la technique de substitution de mots. Ce niveau est le moins efficace car il se limite à copier un headline déjà écrit par d'autres, en remplaçant simplement le nom du produit. En faisant cela, il perd de sa force car il ne tient pas compte de la relation unique entre le produit, le marché et le moment.

Le deuxième est l'utilisation de formules. Le copywriter a mémorisé une série de règles qu'il essaie d'insérer plus ou moins mécaniquement dans la construction de son annonce.

Le troisième approche, la plus efficace, se base sur une série de questions et de lignes directrices, sans réponses toutes faites. C'est grâce à ce travail d'analyse approfondie qu'il est capable d'atteindre sa puissance maximale. Il n'y a pas de raccourcis créatifs, tout le monde peut copier.

C'est pourquoi un vrai copywriter ne pourra jamais être remplacé par Chat GPT qui, par nature, est limité aux niveaux 1 et 2.

Motivation Research et copy

Nous avons déjà parlé de l'importance pour le copywriter de connaître le marché. Un moyen de le faire est à travers la Motivation Research (interviews, sondages, etc.) en enquêtant sur les désirs, les besoins et les tendances. Le but de la MR est de fournir une direction à votre annonce, indiquant où aller (et où ne pas aller).

Nous sommes maintenant à la source de l'idée, maintenant c'est au copywriter de la transformer et de la concrétiser à travers un effort créatif considérable.

La personnalité d'un produit

Chaque produit a sa propre personnalité pour le consommateur, souvent complexe et riche de plusieurs traits. Votre travail en tant que copywriter consiste à identifier le trait le plus important et reconnu par le public et à le souligner dans le headline. Après avoir simplifié et affiné la personnalité dans le headline, vous pourrez élargir aux autres traits au cours de l'annonce.

La headline préventif

La règle nous dit que le prospect est incapable de

s'identifier à un problème qui ne lui est pas encore survenu. Cela vaut cependant seulement pour les problèmes qui l'affectent personnellement. En effet, le prospect sera tout à fait capable de s'identifier aux problèmes concernant ses proches, ses amis et même sa nation.

Sur ce principe sont basées, par exemple, toutes les publicités d'assurances sur la vie, présentant les horreurs infligées au partenaire ou aux enfants. Ici, le headline préventif fonctionnera.

La segmentation du marché

Jusqu'à présent, nous avons supposé que chaque concurrent dans un marché donné chercherait à faire de la publicité pour l'ensemble de ce marché. Ce n'est pas nécessairement vrai.

Prenons la perte de poids : il y a au moins deux types de clientèle différente. Ceux qui veulent perdre du poids pour des raisons de santé et ceux qui le veulent uniquement pour des raisons esthétiques. L'attrait sera le même (perdre du poids) mais les mécanismes devraient varier — sécurité et durabilité pour le premier — vitesse et simplicité pour le second.

Deuxièmement, une petite entreprise avec un budget limité pourrait obtenir plus de résultats en se taillant une niche de marché, évitant une concurrence directe avec des leaders du secteur déjà établis. Si la campagne est un succès, on peut ensuite chercher à élargir le marché, en utilisant ce succès comme point de différence pour s'adresser à un marché plus vaste.

Ex. L'intégrateur préféré des femmes souffrant d'obésité.

Conclusion première partie

Dans ces premiers chapitres, nous avons décrit un processus d'analyse du marché qui pourrait même durer des mois. Une fois les forces émotionnelles identifiées et canalisées dans votre solution (votre produit), nous arrivons à la seconde partie du livre.

Maintenant, il est temps de bien connaître le produit à promouvoir, ce qu'il est et ce qu'il fait. Vous devrez concentrer toutes les manières dont il satisfait les besoins en une image unique, une seule affirmation qui représentera la force émotionnelle la plus grande sur votre marché, le headline.

Les mots que vous choisirez pour votre headline vaudront environ 90% de votre annonce. Si vous avez raison, vous pouvez créer un nouveau secteur. Si vous vous trompez, rien ne pourra sauver votre annonce.

Rappelez-vous toujours de cette règle fondamentale de la créativité :

Ce que vous cherchez dans ce produit et ce marché, c'est l'élément qui les rend uniques. L'idée que vous voulez est contenue dans ce produit et ce marché. Aucune formule externe ne vous la donnera car vous êtes confronté à une relation produit-marché jamais existée auparavant.

Cette première partie du livre vise à vous fournir une boussole, pas des formules à copier mot pour mot. Les règles présentées vous aideront à trouver le thème central de votre annonce et à le raconter dans votre headline.

Dans la seconde partie, nous traiterons des techniques d'écriture pour créer de la conviction et renforcer le désir.

PARTIE 2

5. Dans l'esprit du prospect

À ce stade, vous avez déjà trouvé le headline capable de capter l'attention de votre client. À partir de ce moment, le potentiel de vente dépendra entièrement du corps de l'annonce. Plongez le prospect dans un nouveau monde où votre produit émerge comme la satisfaction du désir qui l'a poussé à lire le headline.

La structure de l'annonce doit nécessairement partir des 3 facteurs présents dans l'esprit du prospect.

1. Désirs

Ils peuvent être de 3 types :

- Physiques, comme le désir d'être mince, fort, en bonne santé, etc.

- Matériels, comme le désir de posséder de l'argent, une belle voiture, etc.

- Sensoriels, comme l'envie d'une bière glacée ou l'envie de s'allonger sur un lit douillet.

Les désirs ne peuvent être ni créés ni détruits, ils existent simplement. La tâche du copywriter est de les étendre, de les aiguiser et de leur donner un but.

2. Identité

Ce sont des désirs qui concernent la sphère symbolique, le statut social et ne sont généralement jamais déclarés ouvertement. Ils complètent et intensifient les désirs physiques de sorte que chaque achat ait un double objectif. Par exemple, l'achat d'un objet de luxe n'est pas fait seulement pour la qualité du produit, mais aussi pour ce qu'il communique aux autres, c'est une projection du prestige et du succès personnel.

Ces désirs doivent être associés à votre produit en les insérant juste après l'avoir mentionné, invitant le prospect dans le monde des personnes qui utilisent déjà votre produit.

3. Croyances

Ce sont les opinions et les préjugés dans lesquels vit votre prospect. C'est le monde de la raison émotionnelle dans lequel il habite, les idées et les valeurs qui font partie de sa réalité.

Le but de la publicité n'est pas de les contester, la publicité n'est pas de l'éducation et doit donc accepter la réalité telle qu'elle est. La seule façon de tenter de la modifier n'est pas de l'attaquer de front, mais d'exploiter ses tendances et de canaliser ses énergies.

Croire est un processus d'adaptation de faits nouveaux à des modèles de pensée et de conviction établis. Ces croyances créent un filtre à travers lequel les informations sur les produits sont acceptées ou rejetées. Une fois que vous comprenez les croyances du prospect, vous pouvez exploiter leur logique pour démontrer que :

- votre produit satisfait ses désirs ;

- des personnes comme lui font confiance au produit ;

- aucun autre produit ne satisfait aussi bien ses besoins.

Dans les chapitres suivants, nous verrons les 7 mécanismes de persuasion.

6. L'intensification

Nous avons vu comment le désir de masse est la véritable force de la publicité. L'art de la vente réside dans l'augmentation de ce désir, en surmontant même des obstacles tels que le scepticisme et le prix.

Souvent, ces désirs ne sont pas clairement définis dans l'esprit du prospect, en effet, la tâche du copywriter est de les rendre concrets grâce à l'imagination et à l'enthousiasme.

Plus les images seront nettes et efficaces, plus le client voudra votre produit et moins le prix sera important.

L'espace que vous pouvez consacrer à cette intensification dépend du type de média.

Pour adapter votre message, vous devez utiliser une de ces techniques (ou les deux) :

- Compression. La synthèse de projections et d'images en quelques mots clés ;

- Campagne. La répétition de ces mots clés avec une différenciation progressive et un embellissement à travers une série de publicités liées entre elles.

Même lorsque vous avez suffisamment d'espace, il est toujours important de ne pas être répétitif ou ennuyeux.

Le premier obstacle est la quantité de matériel déjà vu par le client sur des produits similaires, ce qui pourrait accélérer l'ennui.

Le second obstacle est le langage de votre annonce ; vous ne pouvez pas répéter, mais renforcer. Chaque fois que vous donnez un nouveau cadre à la promesse de base, vous renforcez les descriptions précédentes en impliquant le client potentiel.

Dans les paragraphes suivants, nous explorerons les 13 étapes du processus d'intensification.

1. La première présentation de vos affirmations

Tout d'abord, présentez le produit ou ses avantages de manière directe avec une description détaillée de son apparence ou des résultats qu'il fournit.

2. Mettez en pratique vos affirmations

Maintenant, élargissez cette image en mettant le produit en action, en montrant non seulement son apparence et ses avantages, mais en expliquant exactement son mécanisme.

3. Impliquez le lecteur

Si votre produit le permet, placez le prospect au milieu de l'histoire avec le produit en action et donnez-lui une démonstration de ce qui lui arrivera le premier jour où il l'aura entre les mains.

4. Montrez-lui comment tester vos affirmations

Transformez la démonstration en un test. Permettez au prospect de s'identifier en essayant votre produit, obtenant des avantages immédiats, à travers des images spécifiques et dramatiques.

5. Étendez les avantages dans le temps

Montrez le produit au travail, pas seulement pendant une heure ou un jour, mais sur des semaines ou même des mois.

6. Introduisez un public

À ce stade, d'autres acteurs peuvent entrer en scène en plus du lecteur, offrant une nouvelle perspective sur le produit. Il peut s'agir de célébrités partageant leurs expériences par des témoignages ou de personnes ordinaires avec lesquelles le lecteur peut s'identifier.

7. Montrez l'approbation des experts

L'étonnement des experts et des professionnels du secteur a toujours un certain effet. Combinez surprise, compétition et découverte pour rendre l'image plus puissante.

8. Comparez, opposez et démontrez la supériorité

La concurrence peut être transformée en comparaison. Les inconvénients de l'ancien produit et service peuvent être comparés aux avantages du nouveau, soulignant sa supériorité.

9. Montrez le côté sombre

Soulignez et aiguisez le problème que vous allez ensuite résoudre avec votre produit. De cette manière, vous exacerberez la répulsion pour le problème (ou les produits inadaptés précédemment utilisés) et augmenterez l'attrait pour la solution offerte par le produit.

10. Montrez combien il est facile d'obtenir ces avantages

Toutes les caractéristiques du produit qui influencent la vie du client vous fournissent une autre perspective dans laquelle réaffirmer et souligner ses avantages (facilité d'utilisation, prix, transport, etc.).

11. Utilisez des métaphores, des analogies et de l'imagination

Ne vous contentez pas de la simple exposition des faits. Grâce à l'imagination, vous pouvez présenter les mêmes faits de manière plus dramatique.

12. Récapitulatif final

À ce stade, il pourrait être utile de résumer et de souligner tous les avantages les plus importants. Les deux systèmes de synthèse les plus significatifs sont :

- la liste horizontale, qui élargit le désir en incluant plus d'applications et d'utilisations (le classique tout-en-un) ;

- la liste verticale, qui approfondit et agrandit un désir spécifique.

La liste horizontale est similaire à un feu roulant, une sorte de dernière chance pour convaincre le prospect en frappant plusieurs appels simultanément. Au début de l'annonce, vous augmentiez un seul désir, tandis que maintenant vous énumérez ses possibilités infinies dans l'espoir de conclure la vente.

13. Mettez en œuvre votre garantie

Lorsque vous demandez enfin à votre client d'agir, vous pouvez exposer les termes de votre garantie, en faisant de celle-ci le point culminant de votre annonce.

Différence entre les campagnes et les publicités par correspondance

La vente par correspondance concentre tous ces éléments (ou presque) dans une seule annonce, disant tout ce qu'elle peut en une seule fois. Alors que la vente par correspondance tend à présenter de nouveaux produits à court terme, la publicité nationale est axée sur la promotion à long terme (généralement de produits avec une histoire déjà établie et connue).

La publicité nationale doit également maintenir constamment l'image de son produit dans l'esprit du prospect et donc, en raison de sa fréquence, perd rapidement en originalité.

La durée et la fréquence imposent d'une part de maintenir un fil conducteur pour toutes les publicités (image dominante identifiable) et d'autre part une variation régulière pour ne pas ennuyer le public au fil du temps et pour renforcer le désir. Il s'agit de présenter une série de variations ou de perspectives de cette image principale de manière à attirer le prospect qui les perçoit comme différentes et nouvelles.

Parfois, l'image dominante peut ne pas apparaître du tout, mais être seulement le fil conducteur de la campagne qui peut être l'appel du produit ou même le produit lui-même *(voir la célèbre campagne Think Small de Volkswagen).*

7. L'identification

La plupart des désirs et des besoins sont assez évidents; le désir d'identification, en revanche, est subtil et parfois inconscient. De plus en plus souvent, il devient une partie importante de la raison d'achat, c'est pourquoi il est désormais essentiel de construire l'identification propre à votre produit.

Les rôles que votre client potentiel désire

L'identification est essentiellement le désir de votre prospect de jouer certains rôles dans sa vie. Le rôle du copywriter est double:

- transformer le produit en outil pour atteindre ces rôles ;

- transformer le produit en reconnaissance du fait que ces rôles ont déjà été atteints.

Chaque produit devrait intégrer deux raisons de l'acheter : une physique qui satisfait le besoin et une autre qui identifie le rôle.

Par exemple, seul le pauvre achète de la nourriture exclusivement pour se rassasier. Les autres choisissent en fonction des tendances (pour paraître à la mode) ou de la teneur en graisse (dans l'espoir de rester en forme et en bonne santé).

On n'achète plus des objets, mais des rôles. Ces rôles se divisent en 2 catégories : caractère et succès.

Les rôles qui définissent le caractère

Ils sont souvent une partie de la personnalité du prospect : chic, cultivé, brillant, attirant...

La conquête de ces rôles, seule, n'est pas suffisante. S'ils ne sont pas reconnus et admirés, ils sont dénués de sens, c'est pourquoi votre produit doit aussi contenir ces valeurs supra-fonctionnelles qui vont au-delà de la satisfaction matérielle. Ces symboles ajoutent une incitation supplémentaire à l'achat.

Chaque produit peut bénéficier du pouvoir de conférer un rôle, mais dans certains cas, cette caractéristique est même plus importante que la performance du produit lui-même (vêtements à la mode, parfums...).

Alors que l'affirmation d'une performance nécessite une démonstration physique, dans le cas des rôles, cela ne peut se produire car ils sont par nature ambigus. Pour cette raison, le prospect sera plus enclin à croire au message subliminal d'apparaître plus attrayant ou plus cultivé ; c'est une acceptation facile.

Les rôles qui définissent le succès

« Président », « Docteur », « Ingénieur », « Manager », « Exécutif », « Self made man », « Influenceur », « Trend setter », etc. *(Certains de ces titres ont été adaptés).*

Chacun de ces rôles est un objectif à atteindre mais, surtout, à montrer à tous à travers les produits que nous utilisons et les objets que nous possédons. Comme par exemple changer de voiture ou acheter une maison plus grande ou dans un meilleur quartier dès que l'on reçoit une promotion importante.

Comment faire travailler ces désirs pour votre produit

Tout d'abord, vous devez découvrir exactement quels types de rôles le prospect est prêt à identifier avec votre produit et lequel de ces rôles est le plus convaincant.

En général, nous pouvons distinguer entre 2 catégories de produits :

1. ceux avec un prestige inhérent (voitures de sport, piscines, bijoux);

2. ceux sans un prestige inhérent.

Dans le premier cas, c'est facile, il suffit de respecter les canons d'identification déjà présents dans le produit. Dans le second cas, au contraire, c'est à vous de créer leur prestige et vous devez le faire en exploitant les caractéristiques du produit comme un pont entre le produit, son image actuelle et l'image de prestige que vous voulez représenter.

L'image primaire de votre produit

Une cigarette est virile dans l'esprit de tous, un joint de piston est un symbole de précision et de beauté mécanique pour presque tous les hommes. Ce sont quelques exemples d'image primaire déjà présente dans l'esprit de vos prospects.

Votre travail consiste à partir de ces images déjà acceptées et à construire une série d'images liées, de manière à multiplier l'attrait d'identification du produit. Vous pouvez le faire en changeant l'intensité de votre image primaire :

1. dans le cas d'une image acceptable, vous pouvez l'exagérer ou la dramatiser ;

2. si l'image est négative, vous pouvez l'atténuer, mais vous ne pouvez pas l'ignorer ou la remplacer de force par une positive.

Pour être crédible, il est nécessaire de toujours partir de l'imaginaire collectif déjà existant.

Comment associer de nouvelles images à votre produit

C'est un processus en 2 étapes:

1. changer l'intensité de l'image primaire (voir paragraphe précédent);

2. utiliser l'image comme lien logique pour connecter autant d'images favorables que possible.

De nombreux symboles visuels communiquent différents rôles de grand attrait en même temps. Par exemple, l'image de la propriété d'une belle peinture peut exprimer le succès, mais aussi la culture et l'intellect.

Ces symboles, donc, élargissent la portée du marché, incluant de nouveaux appels émotionnels qui:

- d'une part intriguent aussi les personnes jusqu'alors indécises sur les aspects fonctionnels de votre produit;

- d'autre part intensifient l'attraction pour ceux qui étaient déjà dans la cible.

L'identification qui a son origine dans le produit physique

Le produit physique peut être décomposé en trois

domaines :

1. son apparence ;

2. ses composants et sa structure ;

3. le contexte technique dans lequel il est né.

Dans chacun de ces domaines, vous pourriez trouver des images primaires fortes qui existent déjà.

Par exemple, dans le cas des produits chimiques, qui n'ont pas un aspect particulier, il est essentiel d'étudier soigneusement l'emballage.

Ici, il n'y a pas d'images qui émergent de l'aspect fonctionnel, donc vous devez creuser dans le contexte, les composants ou les valeurs de la société.

Un exemple frappant a été le rince-bouche Micrin J&J qui communiquait à première vue son efficacité supérieure grâce à l'utilisation de contenants en verre similaires à ceux que l'on pouvait trouver dans les cabinets médicaux ou les salles d'opération.

Si le contexte de votre produit contient des éléments qui inspirent de fortes émotions, de la qualité ou de la crédibilité pour le prospect, alors ces éléments devraient être exprimés dans le produit, dans l'emballage ou dans son annonce.

La vie de l'homme moyen est monotone ; offrez-lui de participer aux explorations de frontière de notre monde et vous scellerez un attrait puissant sur votre produit.

8. La Gradualisation

Jusqu'à présent, nous avons largement discuté de l'importance du désir et de l'identification. Mais ces deux grandes forces émotionnelles ne sont rien sans une troisième, la croyance, soit la fusion du désir et de la conviction. Le besoin de croire est en effet une force émotionnelle aussi puissante qu'un besoin physique.

La plupart de nos convictions se sont formées durant notre enfance, c'est pourquoi demander à quelqu'un de les abandonner subitement ne produira aucun résultat notable. Si vous violez les croyances de votre prospect, aucune promesse ne sauvera votre annonce.

Si, au contraire, vous parvenez à canaliser la force de sa croyance dans votre message, vous vendrez plus que quiconque.

Construisez un pont de croyance entre les convictions déjà existantes dans l'esprit du prospect et les nouvelles convictions que vous l'amènerez à accepter, de manière logique et graduelle. Vous aurez ainsi réalisé le processus de la gradualisation, le troisième processus de persuasion.

La gradualisation ne détermine pas le contenu de votre annonce, mais sa structure.

Une nouvelle définition de la conscience

La gradualisation est l'art de commencer votre annonce par une phrase qui sera immédiatement acceptée, puis de construire dessus une série d'acceptations successives. Le but est d'amener le prospect à un objectif final qu'il aurait difficilement accepté sans ces affirmations préliminaires.

Ainsi, votre headline ne doit pas seulement susciter l'intérêt et le désir, mais doit aussi sembler vraie dès le début.

C'est pourquoi vous ne pouvez pas toujours utiliser l'affirmation la plus puissante dans votre headline, car elle pourrait ne pas être crédible si elle n'est pas d'abord soutenue graduellement par un raisonnement logique ou d'autres preuves.

En dernière analyse, la gradualisation est l'art de faire une affirmation de manière à obtenir le taux le plus élevé de crédibilité et d'acceptation de la part du prospect. La plupart des copywriters tentent de renforcer leurs annonces en empilant une promesse après l'autre, alors qu'il serait bien mieux de renforcer la structure de crédibilité de la promesse originale admissible. Voyons comment il est possible de le faire de six manières :

1. La question d'implication. Montrez au prospect que vous parlez de lui, pas de quelqu'un d'autre. Cela crée une identification

immédiate. « Est-ce que cela vous est déjà arrivé... ? »;

2. Identification détaillée. Au lieu de poser des questions directes, exposez en détail les problèmes qui sont les raisons pour lesquelles le prospect désire votre produit. Communiquez au prospect que vous connaissez les problèmes parce que vous les avez vécus aussi, donc vos conseils ont de la valeur, vous avez trouvé une réponse à ses problèmes;

3. Contradiction des (fausses) croyances actuelles. Ici, vous allez droit au but, sans détour : « Je sais que vous pensez que ceci est vrai, mais je vais vous prouver que c'est faux ». Fonctionne très bien si celui qui l'affirme jouit d'une forte autorité;

4. Le langage logique. L'objectif est de créer simultanément croyance et désir. Croire à ce que vous promettez doit être un processus naturel et logique, choisissez des mots qui démontrent la justesse de votre raisonnement (logiquement, par conséquent, la raison, la solution, sans doute, etc.);

5. Le syllogisme. C'est le moment où vous prouvez que votre produit fonctionne à travers un raisonnement détaillé. Le prospect se convainc que le produit doit fonctionner;

6. Autres croyances. Structures de contingence (Si... alors...), répétition de la preuve (les experts ont découvert... les experts ont

découvert), promesse-croyance-variation de la promesse (après chaque phrase de promesse suit une preuve), parallélisme paragraphique (même structure de mots qui est reprise cycliquement).

9. La Redéfinition

Certains produits présentent une série de défauts qui, s'ils ne sont pas activement redéfinis, tueront inévitablement les ventes. Il existe trois catégories générales de défauts et pour chacune d'elles, un type de redéfinition à mettre en pratique.

1. Simplification d'un produit compliqué

Dans le cas d'un manuel de réparation de téléviseurs dans les années 50, c'est à cela que l'on a pensé. Étant donné que la plupart des gens croyaient que les réparations étaient des interventions compliquées, réalisables uniquement par des techniciens spécialisés, il fallait redéfinir le concept même de réparation dans l'esprit du lecteur. Ceci est fait de trois manières :

1. tout d'abord, on compare le téléviseur au corps humain ;

2. ensuite, on compare les petits ajustements aux signaux d'avertissement ou symptômes que le corps nous donne avant de tomber malade ;

3. enfin, on affirme que ces petits ajustements ne sont rien d'autre que de simples corrections sur les commandes externes de l'appareil.

Une fois cela fait, on peut parler de l'économie réalisée avec le DIY (Do It Yourself) et comment acheter le manuel. Avant la redéfinition, toutes ces affirmations n'auraient pas été crédibles.

2. Escalade pour un produit avec peu d'attrait

Dans ce cas, nous avons un produit reconnu comme facile à utiliser mais qui n'a pas suffisamment d'attrait pour garantir un marché de masse. Le travail ici est :

- d'intensifier votre produit pour lui donner plus d'importance aux yeux du prospect ;

- de redéfinir le rôle qu'il joue dans la vie du client ;

- d'augmenter les avantages que le produit offre et de démontrer son utilisation dans des domaines jamais envisagés auparavant.

3. Réduction pour un produit coûteux

Ici, votre tâche est de faire paraître le prix plus bas.

Pour minimiser le prix d'un tel produit, vous devez le comparer à des produits encore plus coûteux, augmenter sa valeur perçue et le communiquer comme une affaire à ne pas manquer. Par exemple, dans l'annonce de bougies premium à 1,49$ pièce, il suffisait de dire qu'elles auraient dû coûter 5$ pièce car elles sont faites à la main. Le coût de 1,49$ semble immédiatement une affaire par rapport à l'ancrage du prix (5 $).

10. La Mécanisation

Chaque bon copy digne de ce nom se comporte comme un véritable dialogue entre le copywriter et le prospect, provoquant des réactions et émotions bien planifiées. Parallèlement, cela suscite des questions chez le prospect, auxquelles vous devez répondre, idéalement en les anticipant ; le timing, dans ces cas, est fondamental. Et pour ce faire, il faut se mettre à la place du client.

Les questions qu'un copy génère peuvent être divisées en trois catégories :

1. Demande de plus d'informations «Dis-m'en plus». Vous avez capturé l'intérêt du lecteur, maintenant vous devez nourrir sa curiosité ;

2. Demande de preuve «Qui le dit?». Le prospect veut votre produit mais cherche des preuves pour soutenir son choix ;

3. Demande de mécanisme «Comment ça fonctionne?». Le client sait qu'il veut le résultat final que vous proposez, mais maintenant il veut savoir comment vous allez le lui procurer.

Le niveau de conscience du client déterminera la

quantité de mécanisme que vous devrez intégrer dans le copy. Par exemple, si le mécanisme est déjà connu et accepté, il n'est pas nécessaire de s'y attarder trop, vous pouvez tirer parti du travail que d'autres annonceurs ont déjà fait avant vous.

Phase un: nommer le mécanisme

Dans le cas d'un mécanisme déjà connu, il suffira simplement de lui donner un nom et de battre la concurrence sur le prix ou d'autres caractéristiques. Il suffira de nommer le mécanisme sans en réexpliquer le fonctionnement, sinon vous risquez seulement d'ennuyer le client.

Phase deux: décrire le mécanisme

Si le mécanisme ne peut être nommé parce qu'il n'est pas compris par le public, vous devez le décrire en détail. Vous devez construire une promesse forte puis passer à la raison pour laquelle vous pouvez tenir cette promesse (Reason Why).

La première règle du mécanisme est qu'il ne s'agit pas d'un discours scientifique, ce serait ennuyeux. Vous devez le charger de promesses et d'émotions. Si en 1926 il suffisait d'affirmer qu'un détergent faisait flotter la saleté, dans le marché compétitif d'aujourd'hui, il faudrait beaucoup plus de mécanisme, d'explications, de promesses, peut-être même un ingrédient miraculeux qui fait le travail pour vous. Ce qui nous amène à la phase trois.

Phase trois: présenter le mécanisme

Que faire lorsque toutes les promesses semblent identiques et que la concurrence sur le prix devient insoutenable? Dans ce cas, le mécanisme doit être fort, vendable et il est conseillé de l'insérer dans le headline.

Ex.«Le premier médicament extraordinaire pour perdre du poids ».

Il faut un nouveau mécanisme, une nouvelle possibilité de satisfaire votre désir, même si toutes les alternatives que vous avez déjà essayées ont échoué.

Si les gens supposent savoir comment fonctionne le produit ou s'il est tellement nouveau qu'il n'a pas d'attrait, résumez le mécanisme en une phrase ou en un mot.

Si, en revanche, le public n'est pas sûr de son fonctionnement, décrivez le mécanisme avec un langage de vente pour générer de la croyance.

Enfin, lorsque vous avez un mécanisme fort ou dramatique, vous pouvez établir une suprématie sur les concurrents en vendant le mécanisme.

Mécanisme et réductions de prix

Parfois, il arrive qu'un produit ne se vende pas même avec une réduction de prix, simplement parce que la raison n'est pas justifiée. Sans un mécanisme, la raison pour laquelle vous devriez faire cette affaire, vous obtiendrez seulement une fraction du véritable potentiel de vente.

Expliquez toujours la raison derrière la réduction de prix.

11. La Concentration

Nous avons déjà vu l'importance du désir comme force essentielle derrière la vente d'un produit. Plus le désir est commercial, plus le marché est grand, plus il est probable que vous deviez concurrencer d'autres entreprises du secteur.

La première manière de battre la concurrence est sans aucun doute la supériorité du produit ; si vous produisez le meilleur produit, votre publicité sera beaucoup plus efficace. Cependant, il est aussi vrai que même le meilleur produit nécessite un copy tout aussi efficace pour inciter les gens à l'essayer.

Nous arrivons donc à la deuxième manière de battre la concurrence : la supériorité de la promesse. Une promesse plus forte, plus large et crédible.

Troisième manière : le rôle que le produit permet d'interpréter (le statut, la personnalité, etc.).

Quatrième : la capacité à améliorer et à changer les mécanismes, à envahir de nouveaux marchés.

Cinquième : l'attaque directe ou la concentration. Cette dernière technique se différencie des autres quatre car elle attaque directement la concurrence.

Les quatre premières méthodes ignorent la concurrence, se concentrent sur leurs propres avantages, leur propre histoire, leur propre mécanisme. Pour cette raison, elles sont plus efficaces lorsque vous dominez déjà un secteur, lorsque vous voulez fidéliser ou lorsque votre histoire est si différente/forte/nouvelle par rapport aux autres que vous n'avez rien à craindre.

Si, en revanche, vous avez besoin de vous démarquer, il pourrait être utile d'essayer de briser l'image de vos concurrents les plus établis pour rediriger le désir vers vous.

Qu'est-ce que la concentration

C'est un processus logique et documenté pour démontrer l'inefficacité des concurrents à satisfaire le désir de votre client potentiel.

L'important est que, chaque fois que vous attaquez un autre produit, vous montrez parallèlement l'efficacité du vôtre.

Attaquez seulement les faiblesses que vous pouvez combler, sinon vous ne génèrerez que de l'antipathie et du scepticisme. Fournissez les preuves pour démontrer au client que cette attaque est à son avantage.

En appliquant cette technique délicate, toutes les autres techniques que nous avons vues jusqu'à présent doivent être mises en œuvre:

- l'intensification pour montrer les

inconvénients de continuer à utiliser l'ancien produit ;

- la gradualisation pour montrer la cause logique des faiblesses et comment les résoudre ;

- la mécanisation pour prouver que votre produit élimine la faiblesse ;

- et ainsi de suite...

12. Le Camouflage

En plus de créer de la crédibilité, comme nous l'avons déjà vu, il est également important de l'emprunter, là où c'est possible.

Lorsqu'une personne choisit un journal, une revue ou une chaîne de télévision, elle le fait parce qu'elle croit que ce médium lui dit la vérité, elle croit à sa communication. Tant qu'il y aura confiance en ce médium, l'annonceur sait que c'est une excellente vitrine pour sa publicité car une partie de cette confiance se transfère également au message publicitaire.

Pour le faire correctement, il faut intervenir sur trois aspects fondamentaux :

1. Le format. Il est important de s'adapter au format du médium de manière à camoufler la publicité, la rendant presque indiscernable d'un contenu éditorial.

2. La phraséologie. Il est important d'utiliser un langage adapté au médium et, là où c'est possible, d'utiliser des phrases stéréotypées et fortement reconnues par l'audience cible.

3. L'atmosphère. Atténuez l'atmosphère hyper excitée typique des publicités. Des tons posés, moins d'adjectifs, moins de superlatifs. Ou

soyez carrément sincère ; soulignez les défauts du produit de manière à rendre ses qualités plus crédibles.

Conclusion

Ce sont là quelques-unes des règles qui peuvent vous aider à créer une annonce efficace, à vous de décider combien et lesquelles utiliser dans chaque situation (dans certains cas, en inventant les vôtres).

L'important est de ne pas faire l'erreur de croire que la création d'une annonce est un processus mécanique et mathématique, la créativité est toujours importante dans un copy réussi.

Une autre qualité fondamentale que chaque copywriter devrait avoir est l'empathie. C'est le seul moyen d'éviter d'ennuyer le public en se limitant à empiler une promesse sur l'autre, en comprenant quand il est temps de changer de direction (points de tournant) et en anticipant les objections et les questions.

Note

Nous avons décidé de traduire et de synthétiser ce livre pour deux raisons.

La première, pour tous ces copywriters expérimentés qui possèdent déjà le livre, mais ont besoin d'un manuel synthétique à maltraiter et à avoir toujours à portée de main, préservant le livre original comme une relique (vu ce qu'il coûte !).

La seconde raison est purement divulgative. Nous sommes convaincus que certains éviteront de l'acheter à cause de son prix et de sa rareté, beaucoup d'autres ne connaissent même pas son existence ou sont attirés par la multitude de livres plus modernes et mieux publicisés sur le sujet.

Ainsi, le but de cette synthèse n'est pas de remplacer le livre original d'Eugene Schwartz, mais d'encourager sa diffusion et sa connaissance, pour démontrer qu'il s'agit d'un livre de soixante ans qui a très bien vieilli. C'est un livre riche d'exemples qui, même s'ils sont datés, rendent parfaitement l'idée de tous les concepts énumérés, tous des exemples que nous n'avons pas pu inclure dans notre synthèse et pour lesquels nous espérons vous convaincre d'acheter la version originale du livre. Ce sont de l'argent bien dépensé.

L'équipe de Éditions Concentré